SV

Band 1458 der Bibliothek Suhrkamp

Ernst Meister
Gedichte

Ausgewählt
von Peter Handke

Suhrkamp

Satz: Hümmer GmbH, Waldbüttelbrunn
Druck: Druckhaus Nomos, Sinzheim
Printed in Germany
Erste Auflage 2011
ISBN 978-3-518-22458-8

2 3 4 5 6 7 – 16 15 14 13 12 11

Vorwort

Diese Auswahl der Gedichte Ernst Meisters verdankt sich der vielbändigen, sorgsamen Edition durch Reinhard Kiefer im Rimbaud Verlag, Aachen, jeder Band versehen mit einem die Poeme faktisch wie hermeneutisch aufschlüsselnden Nachwort des Herausgebers. Im Lesen, chronologisch – nicht nur –, habe ich mich spontan für die Gedichte in diesem Buch entschieden. Wenn es ein Kriterium gab, dann das: einzig die Zeilen, Strophen und Rhythmen aufzunehmen, worin das stetige wilde Todes- oder Sterbenmüssensbewußtsein, welches das »sachliche Sagen« Ernst Meisters während des ganzen Erdendaseins des westfälischen Dichters bestimmt und getönt hat, in so gewaltiger wie luftiger Schwebe bleibt zwischen der Klage über das zu erwartende Nichts und dem Preis des Am-Leben-Seins, des Liebens, eben des Daseins; worin der Tod dem Leben den Enthusiasmus einhaucht und ihm den Gedichtrhythmus gibt – frei nach Goethe, daß Dichten »ein Übermut« sei. Und wieder frei nach Paul Valéry, demgemäß drei- oder mehrsilbige Wörter im Gang der Poesie nichts zu bestellen hätten; frei in dem Sinn, daß in dieser Auswahl hier einsilbige Wörter wie »Tod«, »Leid« und dergleichen allein den stummen Grundton, die unhörbare Stimmgabel für den befeuerten Zweisilber »Leben« abgeben; und noch einmal frei nach Spinoza, bei dem der vernünftige Mensch, solang er kann, das Leben (be)denkt.

Peter Handke

Gedichte

Und träumend ...

In den Gängen meiner Ohren
hatte das wilde Leben
seinen Faden verloren.
Ich schlief,
und träumend tickten die Ähren
des großen Kornfeldes die Zeit.
Ein Maulwurf, sehr alt, wieder Kind,
sang in seinem Labyrinth
süße Weisen.
So hatten die Tiere der Nacht,
die mit blutenden Wunden,
ihren Sänger gefunden.

Abend erscheint

Abend erscheint.
Rauchig ist die Stadt
meiner Mutter, rauchig
die Stadt meines Vaters
von den Eisenöfen.

Ein Hirte auf einem Stoppelfelde
hoch auf dem Berge
über der rauchigen Stadt
pfeift seinem Hunde.
Der läuft um die Herde,

der läuft immer enger
um die Herde, der läuft
in immer
kleinerem Kreis, bis die Hürde
die Schafe umfängt.

Bald schlafen
die Schafe auf dem Berge.
Bald schlafen die Kinder
in der rauchigen Stadt
von Vater und Mutter.

Kind, das malt

Malt
ein Grab
und ein
Kind darin

und malt
eine Riesin, die
die Arme schwingt
über dem Grab.

Anderer Aufenthalt

Auf züngelndem Pfade
jäh mittags im Südland
erblick ich die Schlehe.
Gedrängt ihre Beeren,
so rund wie der Himmel,
blühn einzig ein Blau.

Nun will ich gedenken
am Busche vorüber,
den Dornen rüsten,
der seidenen Schuhe,
die Toten man anzieht,
der leichten, der schwarzen,

und lebend glauben:
ich habe sie an.

Das Blau,
meines Vaters kürzliche Wohnstatt,
äugt morgens, ein Dämmern,
durchs Grün der Platane,
noch dunkel ein wenig.

Wir lauschten ja
die ganze Rast
auf eine Viper.
Sie sollte sein
im Trockensten der Gräser
(sie selbst unraschelnd).

Sie sollte sein,
doch gar nichts war zu hören.
Wir aßen unsere Mahlzeit
ganz enttäuscht
(so still blieb's).

Oder beides

Allmählich
bei den Haaren ergriffen
von den Lilien,
ihren Feuerhänden,

als solle es sein, es habe
einer zu sprechen, Mund
in den schwarzoffenen
des Himmels –

als solle es anders
sein:
auf dem Felde
zu gehen mitten

im eigenen Leibe
und irdische Rede
zu finden.

Oder beides.

Nun diese Stelle

Was wurde angetrieben?
Ein Ochsenjoch.
Die See nahms auf die Schulter –
leichtes Holz.

Nun diese Stelle,
wo vom immerfort vom Wasser
bewegten Joch
das Stück von einer Kette
schleift im Kies und etwas klirrt,
und wo das bluternährte
Auge, dem hellen Gischt und
blinden Schaume nah,
der See gibt
ihren fernen Rand.

Menschenlied

So ich leider
nicht immer kann bleiben,
will mich zusammenfassen
in Liebe vernünftig.

Was sich vermochte,
will ich vernehmen;
sieh: an Gestirnen genug
und an Antlitz.

Abend

Der Blick geht hin
zum herbstgewohnten,
vom Himmel so mühlos
vollbrachten Zierat.

Abend.

Da blüht eine Wunde,
da grünen Ränder,
da schrumpft schimärisch
das Wahre der Pracht.

Reden und Schweigen

Entgegen
ist mir das Schweigen
des Steins: darum
schreib ich
den Laut vor Nacht,

und eines sagt:
Zuwider
ist mir Sagen,
darum schweig ich,
rede mit niemand,
auch nicht mit mir,

laß scheinen
den Mond
auf eine alte
Figur

(die weiß,
wann ich geh
von hier.)

Spirale

Was sind das für
größere Vögel, was
sind das für größere
Vögel, von denen du denkst,
sie seien
nicht schwarz,
nicht weiß?

Sie drehn, viele Vögel,
den Flug
in einer Spirale,
einer Spirale
immerzu.

Es ist
dieser
Gegend Gegend
unbeschreiblich.

Heißt diese noch
Armut,
kennt jene
kein Wort.

WILD, SELTSAM GEHT
die Waage
auf und ab mit den Zungen
inmitten Himmels,
den ich meine.
Darum: auch
vom Künstlichen
nichts ist gewogen.

Leicht befindlich
– langsamer Winter –
ist Schnee,
draußen auf Zweigen,
die im Frühjahr
erröten.

Das Himmlische:
die Innigkeit,
das Gran
im Ungeheueren,
von dem der Zahl
und Unzahl Meister
Wissen haben.

Entstandenheit,
die sag mir;
woher
des Herzens Herz,
das sag mir …

Dies sag mir
an der Endlichkeit
zuckendem Rand.

Viel Augen noch übrig
und Münder …
da winkt
eine Hand an der Ecke,
helle Hand.

Es sagen die Münder:
Du, dir Entfernter,
den Flüsterer,
den Erzähler im Rücken,

hole die Hand ein,
helle Hand,
und zeichne in sie
genaues Gedicht.

Wird sie warten?

Ein lebend Tödliches …

Daß man sah
des Jahres Zeiten,
die Blume geöffnet,
das Tropfen der Früchte,
der Äste Starrn.

Von dieser Seite
voller Bescheid;
und doch haben wir
beieinander gesessen,
wenn spät die Lampe schien –

suchend nach Auskunft.

Als ich sass
auf dem Strand,
ah, Melancholie …
rudert im Kahn
ein Mann her zu mir.

Steigt nicht aus,
sagt: Ich
bin gestorben
vor langer Zeit.

Gestorben bin ich,
aber fahre,
fahre in der Zuversicht.

Komm mit
aufs Meer!

Denn alles geht so.

Dreh du dich
ins Notwendige …
daß du dir erklängest,
ein Beispiel.

Von Nahem
ein schlagendes Herz,
von ferne
ein totes.

Der Kreis,
vom Blute
gezeichnet …
o Gegenstand!

Distel, schönes Licht.
Sauste
der Komet an dir vorbei
und machte
dein Silber silberner;
die Sonne,
an einem Mittag
dir sehr nah,
gilbte dein Gelb.

Ach, wenn Nacht ist.

Wir sind davongezogen
wie Fahrende,
und ins Notwendige,
währenden Mangel
allerdings.

Der Neuling
rückt zwischen Sternen
vor
und nimmt
von der Wahrheit,
der bedürftigen,
an sich, soviel
das Herz vermag
auf gegönnter
Zeile.

Am Ende wird
zum Menschen der Mensch;
er vergißt,
verläßt, was er war –
frei in den Himmeln.

Ich gehe den Rändern
der Rose nach,
nachdem beim Wegerich
die Rede war
von der Rose.

... DA, WO ICH
bin zu der Zeit,
im einschneidenden
Tal, bei den Bäumen
und stürzendem
Wasser der Berge,
halte ich an
die dir erzählende Stimme.

Die am Abend singenden Vögel
laß ich dich hören.
Fremd der Laut, das
Licht des Entzückens in ihren
Kehlen! – Das Lied
ohne Ohnmacht, das
nichts als selige Lied
laß ich dich hören.

Lange vor
Christus geboren
und die Segel gesetzt
gegen Gott.

Deine Hand war
unglaublich wenig
an meiner Schulter,

Wind genug
an einem Tage
der Meere und des
Himmels.

Es kam die Nachricht
zu gehn an die See,
nördlich, und ich
wollte auch wissen
unterdes, was es
sei mit dem Anfang
der See, Ende oder
Mitte (die schwerste
Betrachtung).

Es erkannten einander,
die kamen
in gleicher Absicht.

Und es wurde
mit Gischt der Wogen
(schön und atmend das Wetter)
Lust gewebt zur Nacht.
Nicht gewußt, daß mir Liebe
geweissagt war
aus der Liebe.

Auf das Ende zu sehn,
ach, sehende Torheit!
Den Leichnam nämlich, den
faßt du nicht.

Schnee.
Der ist schön, und es
geht auch der Winter
vorbei, aber
Niewiederkehr, die kehren
Sonne und Sonnen
nicht um; es ist
das Feuer herausgegangen aus
dem grünen Blut – grau
grau die über den Toten
die Gezeiten!

Es ist faul,
Götter zu denken und Gott
(daß die nicht stürben),
da die Wahrheit
der Himmel ist:
die Höhle, beraubend auch
die Liebe des Atems.

Von ihr allerdings
hat man gehört
auf Erden, von ihr,
die mehr ist als Schlaf,
der da herrscht.

Weiss ich es nicht?
Hinter dem Glück
steht Entsetzen,
und hinter dem
Entsetzen schaut
gar nichts hervor, fast
nichts, und das ist was.

Die wir uns selbst
nicht gehören ... komm,
wir nesteln uns
in den Schlaf ...
komm, es gibt, namentlich,
Edens Schwert. Komm,
an seiner Blöße
schlummern wir ein.

War es einmal die Mär,
daß ich dich sah?
Ich geh, dich zu sehn
(es hängt mein Sehen daran).

Du kommst, und wir wissen:
Auf goldener Klippe
ist das Geständnis wahr.

Dort aber (steinerne
Stelle: als wäre
das Wasser geworden zu Stein,
zur eigenen Klippe),

dort kann sich
ein Denken ereignen,
das alles verwirrt.

DU MEIN
wälderreicher
Todesgedanke …

Die Blätterzungen
flüstern
einzige Liebe.

Und dem Zweige geb ich,
die eine Sage heißt,
Nachtigall,

daß sie sänge
so lange
wie ewig.

Am Rande des Meers,
vom Horizonte gezogen –
»zu Rande«, das ist
woanders.

Zu Rande:
die Ankunft von jedem.

Ach, ein Spruch!

Mir ist
vor Augen
die Strecke,
um Hügel gewunden
und Hügel …

Hier,
nimm die
Unsinnsblume
vom Wegrand.

Schnee

wenn der fällt,
manchmal,
hier im Gelände,
bräunlich
oft zugehängt
die obere Luft ...

ich sag nicht,
es gebe hierorts
keine mailichen
Sträucher, bildlich:
Schnee der Blüte,
vielleicht rötlich.

Den nehm ich,
hörend deinen Geburtsschrei
zu dieser Zeit.

Du weißt
(sagtest auch so),
daß ich »damals«
anfing,
Worte zu machen.

DAS DENKEN,
die Rose,
tödlich blühend
weilt es.

Und es ist
Traum
in den Stacheln,
und es
liebt dich.

Das macht
eine Schneise,
wenn sie geht
allein
im undeutlichen
Wetter.

Der langsam Gehende,
der langsam Sehende
schneit zu.

Ob es auch gab
dein Vaterhaus:
verschränkter Hände
ist Weinen
die Sache.

Anderes
gibts nicht.

Oder sag mir.

Sag.

Das Wetter
verschieden im Fenster.
Vom Mittagsgrau heute
erzählt der Bach.

Am Fels, Stoff
unvordenklicher Zeit,
reibe sich nicht auf
das denkende Fleisch.

Geh
durch den Stein
im Verlaß
auf des Sterblichen Kunst.

Lies das, und
sag mir – lies!

Am Ende sagt
von zweien
der eine noch:
Ich hab
dich eingelebt
in die Verlassenheit.
Am Ende sagt
von zweien
der andere noch:
Sieh, alles Nahe
ist so weit,
so weit.

Nach Jahreszeit

und Jahreszeit,
so Sommerschnee
wie Wintergrün
und Frühlings Herbst
folgt eine-keine Jahreszeit,
wo eine trägt
viel anderes Kleid
und einer schweigt
mit seinem Mund,
wo, was hier war,
trotz goldner Schuh'
vergessen, ganz
vergessen ist ...

ach, jenes
ungefüge Haus ...
die Schuld von dort,
der Gram von hier,
wer
denkt das aus?

Sinnwind entriegelt,
ein Gewitter wirft
funkelnde Schlüssel
ins Zimmer.

Das ist
der Augenblick.

Als wär er
aus Granit: so
den Kopf spürend ...
Laß, Zöllner, mich vorbei,
daß ich mich niedersetze
in deinem Nichtland,
die Augäpfel in den Händen ...
da käme sie, sehr jung,
von Schlaf betäubt,
und äße
wohl einen davon.

Es muss das Gold
auf den Grund
gesunken sein,
ehe die Feder
des Waldvogels schwebt
vor deinem
und meinem Mund.

Es muß die Feder …

Er ist, der Leib,
in seiner Arbeit
kein Traum
und ein Traum.

Blick ihn an,
den Fremdling,
damit du
ihn hieltest

und hättest,
einen Nächsten,
nah dem Bodenlosen
hier.

Wenn wir
entblößt sind
bis auf den
Lehm, dann
ist die Rede
richtig vom
Sangbaren.

Zu Ende gedacht
den geborenen Menschen,
tönt's zurück.

Sie schlummern,
die Väter, die Brüder.

Im Hohlen wanderst du
ihrer Schädel und hörst.

Kommt doch von weit
Gedicht und Gedanke,

der Schwersinn,
die Arbeit.

Wer denn hat diesen
von brüchigen Stegen
gesprungenen Menschen
gefischt, den dieser
Wortzeit?

Du, ich, ohne
Netz, Sichel, Haken,
du und
ich mit vier
nackten Händen,

ICH, DU, die
Unbekannten?

Einer wars, einer
am Kai, Spieler
mit bilderlosen Karten.

Keiner.

Den Atem ausgetauscht
wirklich.
Jetzt, schönes Nun,
die Luft steht still.

Verlassen nicht
und nicht versäumen.
Was Beteuerung war,
Geräusch der Öde.

Ich hab dir
das Meine
umsonst gesagt,

und so rede
ein Jedes
das Seine umsonst.

Du hörst mir zu,
ich hör dir zu.

Zu leben und
zu lieben die Dinge

(ein Satz von dir), wie
soll das gehn?

Man hat wohl Liebe
genug. Doch

keinem Leide, das
vollkommen Leid ist,

und keinem Tode
helf ich auf.

Langsame Zeit,
Zeitlangsamkeit,
Wortlangsamkeit,
langsam, ich sage
ein Zeitwort,
ich sage es dir
zum Vertraun,
es ist
Sterben darin,
Mond und Sonne,
die Glut,
die Häuser anzündet,
Glocken auch,
daß sie schimmern,

Ein Jahr
ist kein Glück,
die Toten
sind keine Helfer.
Darum
komme von deiner Seite
mir der Bescheid
irgendwie, wie
es weitergeh
und so weiter
zuletzt.

Schau in die Handfläche.
Immerzu
scheint Abschied auf.

Ein Ton wohnt bei
und endet nicht
gegen die Hügelränder.

O Stillstand
wie ein Grab.
Es schleudert Gischt das Meer
in diese Bucht.
Die Hand
vom Wirklichen geführt:
die lange Kunst gesponnen.
Der pünkliche Gedanke
fällt mit dem Strich
des Horizonts zusammen.

Spät ists.

Der neben mir
wirft die Glieder,
der neben mir ringt
wie nach Atem um Sprache,
und ich seh meinen Bruder
vom Leben getrennt.

Der Mensch
hat sein Lied zu singen,
und bin ich auch
gerüttelt von der Weltstille,
ich will nichts werfen
über seinen Scheitel.

Sage vom Ganzen
den Satz, den Bruch,
das geteilte Geschrei, den
trägen Ton, der Tage
Licht.

Mühsam
im gestimmten Raum
die Zeit in den Körpern,
leidiges Geheimnis, langsam.
Tod immer

(Und ich wollt doch
das Auge nicht missen
entlang den Geschlechtern nach uns.)

Sage: DIES ist kein anderes.
Sage: So fiel, in gemeiner Verwirrung,
der Fall. Sage auch immer:
Die Erfindung war groß.

Du darfst nur nicht
Liebe verraten.

GEH NUR IMMER
durch Häuser,
bleibe, wenn

kein Geschwätz ist
bei Menschen, weil sie
ihre Tage halbwegs
verstehn, nicht anders

als du, der –
einfältiges Bild –
den Boden der Grüfte
durchbricht,

um deutlich
hier zu sein.

Und was
will diese Sonne
uns, was

springt
aus enger Pforte
jener großen Glut?

Ich weiß
nichts Dunkleres
denn das Licht.

WIR HATTEN
Spielwerk,
wir hatten, von Namen,
Tod, den
unerlebbaren Punkt, wir
hatten Sprache – aber
gab es Wir?

Es gab
aus einer Begattung,
aus Ich und Ich ein
Drittes, ein
Allgemeines womöglich;
wärs der Verlust?

Spielwerk, ich sahs
entschweben,
es richtete sich auf mich
Sterben, es
deutete, mich entsetzend,
Sprache auf ihren Mund
...

Er, der Einsilbige,
dreimal ein Buchstab,
macht, wofern nicht
Unglück ist, vollkommenes,
einen Verstand. (Das hat
einer von uns gesagt.)
Er macht die Zeile, so daß
Lebendiges sich sieht
im Gehn.

Der zeichnet Mücken
in die Luft. Der schreibt
die Schwalbe, Fängerin,
mir in die Augen. Der
läßt dich schreiben. Der,
ziemlich hell, streicht durch.
Der streicht den Schreiber durch,
wenn es der Tag ist.

Gesang, ein
Ähnliches dem, das war
oder ein anderes –
und ich weiß doch
um nicht Singendes.

Nein, ich meine
nicht Steine, Blumen,
das Tier, sondern, menschlich,
die im ganz fertigen
Ungeschick, wonach

es gibt
Leiden,
vom Leiden allein
dessen Das.

Altes Klagen,
frühes Klagen
sagt:
Du sollst mich klagen.

Schön
tut mir ein Blütenzweig.
Klag es, altes,
frühes Klagen!

Tritt hinzu
im Harnisch einer,
will, daß ich
das alte, frühe
Klagen klage.

Spricht mirs vor,
ich sprech die Worte
frühen Klagens,
alten Klagens.

Ihre Wahrheit,
ich erbrech sie
über jenen
Blütenzweig.

Hier
solche Waage.

Die eine der Schalen
bedrängt
von einem Blatte
des Mohnkelchs,

von hinsiechenden
Kindes Atem
die andere.

Von so
ratlosen Zungen
heimgesucht
unser Wesen.

Und ich grüsse
alle die Verwirrung
schiefen Hauptes,

wenn er blutet blutet
auf ein
Tönendes, der Tropfen.

Gibts noch anderes
Ohr dafür
als deines?

Kein Gehör
haust
außerhalb der Erde.

Wo ich geh
und steh, er
blutet blutet

auf ein
Tönendes,
der Tropfen.

Dies gibts
von verwandten Leuten
zu sehn:

die ebene Fläche,
vom Gärtner gemacht,
Vater und Mutter zum Beispiel,

grabsäuberlich,
Leben beglichen.
Ach, der Gedankensohn.

Sei du mein Sohn
und zahl mir deine Schuldigkeit.
Ich, Leben, brauch den Tod,
ich, Zeit, die Ohnezeit.

Was plagst du dich,
da doch im Hellen steht
ein Liebesaug?
Du brauchst es nicht zu sehn.

Auf einem Tier, das raubt,
als in Träumen hängend.
Auf seinem Rücken
dämmernd denkend
umsonst, denn
das, was von selbst ist,
ist unergründlich,
wenn auch offenbar.

Zu schwach bist du,
das Geheimnis zu ehren,
irrst in der Unruh.
Doch Stille kommt
nach den Gedanken,
ursächlich.

Gelesen dies:
»Unendlichkeit, tritt ein!«

Wie wär es möglich,
da das Endliche sich türmt?

Ich schau auf ein Fenster,
Himmelsviereck.

Noch bist du, Liebes,
meine Wohnung.

Das vom Irdischen
Gewußte, noch lange
tönt's von Seiten
einiger Gerippe.
Wir ja, wir Bedürftigen,
wollen hören
das Lebende der Toten.

Ihr haltsamen
vier, ihr
Ecken der Gegend!

Ich steh
zwischen Luft,
den Atem sinnend,

indes, mir übers Haupt,
der Raum sich hebt
mit unzähligen Himmeln.

Was sich da selbst
beschreibt im
wachen Traum,

das aus Wasser,
Erde, Luft, Feuer
(so sagten die Alten):

die vier, eine
Kunst miteinander,

deren Regent ist die Lust,
deren Regent ist das Ach.

Immer noch
laß ich mich glauben,
es gebe
ein Recht des Gewölbes,
die krumme Wahrheit
des Raums.

Vom Auge gebogen,
Unendlichkeit,
himmlisch,
sie biegt das Eisen,
den Willen, sterblich
ein Gott zu sein.

Dort auf den Klippen
ein Gemurmel, scheint dir,
vom Nicht und Nichts.

In deiner Nähe
die Welle schlägt an.

Da! aus
gebreitetem Meer
springt hoch auf
ein Delphin.

Du stirbst in
Zufall oder Muße.
Die Erde, die Heimat,
verbirgt den
Stummen für lange,

der Worte gemacht hat,
von Tönen weiblich verführt
und Farben einer Pflanzung
im Leeren.

(Du wolltest doch
Augen noch haben
und Ohren beim
Sternuntergang.)

Es gibt
im Nirgendblau
ein Spiel, es heißt
Verwesung.

Es hängt
am Winterbaum
ein Blatt, es
dreht und
wendet sich.

Ein Schmetterling
ruht aus
auf Todes
lockerer Wimper.

Die alte Sonne
rührt sich nicht
von der Stelle.

Wir
in dem
dämmrigen Umschwung

leben
die Furcht oder
die schwere Freude.

Liebe –
Verlaß und
Verlassen,

von ihr
haben wir gewußt
auf dem Trabanten,

eh alles
vorbei.

Duft der Blumen,
einziger
Gedanke noch.

Ein Steingewicht außer-
dem und ein
Riß wie bei Glas

quer durch
Schädel und Himmel.

Nichts
trennt mich von dir.

Atemlos
so weit zu springen:
in die nächste
Nachbarschaft, die
allernächste zur
letzten
gesprochenen Silbe.

Wir leben
von den Entfernungen.

Der Tod
kommt uns vor
so weit wie der höchste
Stern.

Ein Geschäftiges der Natur
setzt Maße in uns.

WAS ERDE SEI,
erfahre ich nicht,
wenn ich selbst
Erde bin.

Es ist also Leben
alles, es ist
der Erkenntnis Ton
in den Sphären.

Du Erde voller Schädel,
was sag ich, und was
ist Sagen?

Es macht die Todesrechnung
den Zwang,
das Rechte zu finden.

Das ist seltsam,
und eine Dankbarkeit
gibts.

Lange hast du, scheint es,
gewartet, um ins
Flüchtige zu gelangen,
denn erst jetzt bist du da.

Nun fragst du,
was es war,
das im Augenblick
ist.

Wie sehr wir
Gemischte sind!
Du siehst es

auf Märkten,
dabei
totes Tiergesicht.

Du bist
außer dir niemand
und alle doch.

Nimm die Dinge
als gegeben von seiten
bündiger Natur,

die aus dem,
was sie hat,
Lebendiges zimmert.

O Mensch.

(zu Montaigne)

Wie es einer
gedacht hat,
Sterben:

Sich drehn
von der Seite der
Erfahrung auf die

der Leere, un-
geängstet, ein
Wechseln der Wange,

nichts weiter.

Es ist der Tod
nicht Bruder des Gedankens.

Anders als groß, das
Heimweh zertritt er.

Du, Erde, ein wie
unsäglich Tatsächliches.

Aber wir sind doch
Kinder der Erde –
wissen wir's nicht?

Zugehörig dem Ursprung,
dürften uns
dessen Bestimmungen

fremd nicht sein.
Doch entsetzlich
aufgespalten scheint

der Anfang der Anfänge selbst.

Es war Mai,
Juni auch, und es wurde
manches empfunden
betreffs der Natur.

Diese, sich über
den Weltabgrund neigend
mit Gleichmut. O
goldener Ginster.

Du sagst, es sei
das Einzige, dieses
Hier, und das
ist wahr, gewiß.

Doch nehmen sich
wenige wirklich
des Atems an.
Die meisten suchen

das Denken nicht,
und viele
sind gefangen
in Not.

Es SCHREIT
eine Stimme.
Diese

ist wessen?
Gelassen
geht einer,

weil alles
ihm fremd Geschickte
in Wahrheit

sein Eigentum ist.

Spät in der Zeit
wirst du sagen,
du seist

ein Mensch gewesen.

Du sagst es nicht,
kannst es nicht sagen –
du sagst es jetzt.

Es kann
in den Lüften,
des erstaunten
Morgens zumal,
eine List sein
und den selig machen,
dem Schicksal
bekannt ist

Jetzt flimmern mir
knapp vor Augen
die Blätter
vor eurer Tür,
und kleine Schatten
spielen her und hin
auf der Mauer

Manchmal
ist Liebe
zu Ende.

Mit einem der
armen Schiffe
aufwärts
stieß ich mich,
zu betreten
den öden Mond.

Setzte mich da
und schrieb
in den fremden Staub
aus dem Wissen der Erde
Figuren.

Und
langes Besinnen,
krumm
unter der Stille,
der Prüferin deiner
zögernden Finger

DAS ACH WOHN
im Rachen.
Buchstäblich ...
Der Schmerz gehört
niemand allein,
und wem
wäre
Entbehren fremd?

Ihr Worte, wohin?
Wohin
zwischen mir und dir
das Verlangen?

»An dieser verödeten
Stelle« ... an dieser
verstörten ...

SIEH ES DIR AN,
dies Wortebild:

VERLASSENHEIT, VER-
LASSENHEIT, VER-
LASSENHEIT …

Jetzt
erfinde du,
finde was,
tilge das Stocken –

Schau her, ich
fahre fort,
Punkte zu setzen.
Ver-
lassenheit …

O lange Zeit!
O Verlies!

Erfahrung!
In ihrem Zenit
nimmt sie dich wahr
als ein Inniges
in der Trauer
von hier.

Ach, sehend
wird eine Sonne
im Begreifen
deiner Wangen,
Schläfen
und des Munds.

Wie sie alle
gegangen sind
zwischen der Luft,
Türen geöffnet haben
und geschlossen,
erschraken
oder gelassen blieben –,
wie es war,
wie es sein wird,
so ist, so …
komm!

Gibt es ein Lied,
das uns tröstet?
Sag mir das Lied,
das uns tröstet.
Da ist kein Lied
das uns tröstet,
und es gibt die schönen
derer aus Asche.

»Zerrinnt nicht
der weiße Schnee?
Schnee, du weißt . . .«

In der Kugel
der Träne,
o gefangen.

Wiederholend
geschriebenes Gedächtnis:

Hab ich dir
nicht vor Zeiten
gesagt, daß wir
uns wieder sähen
im Ungereimten,
wo der Schmerz über
der Kruste der Erde
wäre das Glück?

Dies, die Liebe
noch einmal, dann,
wie das Gesetz ist,
nie mehr.

Schweigsam
nach den Zeiten
das unbedingte
Geständnis.

Schwalben vor grenzenloser
Abendlichtung, ihr
Stich um Stich
durchs Lüftegewebe.

Ich frage den Himmel,
ich frage den Sommer der Erde:
Ists wahr, daß ich lebe?

Da macht eine Schwalbe
durch mich einen Stich.

Nicht gewusst

Frühling ist?
oder welche Zeit, welches Glück,
welches Land?

Welches zärtliche Grün
jährt sich, welche Zeit,
welches Glück, welches Land?

Ja,
mit dem grünen Geäder
welches Blatt im Geäst wird gewendet ...

Aus Straßburg heute dein Brief.
Nicht gewußt, daß der Golgathamaler
Art genug und Mut bei sich fand,

zweier Liebenden Leichen zu malen,
die Verwesung so ganz progressiv.
Solches zu Straßburg hat dich befremdet.

Doch im Münster die Rose gab Jenseits
und glühte, – und ein Blatt
nahm den Baum an die Hand?

In einem Traum

In einem Traum
war rot die Welt
von einem blühenden Kraut,
die Welt ganz rot,
weithin ein Feld
von Rot, und rings
kein Laut.

Und Luchse
schlichen durch das Rot,
das Fell wie Schatten grau,
bis jäh
die Jagenden verschlang,
die Welt, das Rot
ein Blau.

Gute Nacht

Gute Nacht
sagen sie abends um sechs
im Sägewerk.

Und ein Mann geht heute,
grau von sprühendem Holz,
satt die kreischenden Blätter,

nach Haus,

wo sein Kind schreit,
weil es Grimmen hat
und nicht
schlafen kann.

Keine Antwort

Fast, daß ich schrie:
Hörst du mich? Hörst du mich?

Warum tat ich es? War doch
der Widerruf schon ein Reiter
und ein Zweifel trug ihn – wohin?

trug ihn als Ruf wieder ins Herz,
so daß ich nun schrie ohne Scham:
Hörst du mich? Hörst du mich?

Doch keine Antwort von dort,
wo du bist.

Im Namen Heinrich von Kleists

»Allerdings«, antwortete er:
»das ist das letzte
Kapitel
von der Geschichte der Welt« –

also werde
Erkenntnis gegessen
neuer Unschuld zuliebe.

Laßt sie stehn, die
Diebe der Dinge,
Asche regnet
stetig auf sie.

Noch ganz verloren:
Ich!
Aber
hinter dem gläsernen Berge
bauen wir Hütten,
freundliche Sonne
des Tods auf den Poren
bei dem Scheinen
der Schmetterlinge.

Nicht im Nichts

War's doch eins
von manchen Malen,
wo es sich
mir heiß erhellte,
daß ich da
und nicht im Nichts war,
Freude sich
zu mir gesellte:
Als der Flachs
an meine Stiefel schellte.

Wenn sich je
die großen Flächen spalten,
Angel bricht,
der Erde Sande stieben,
Sturm der Leere
fortbläst die Gestalten,
ist auch dieses
wahr geblieben:
Daß der Flachs
an meine Stiefel schellte.

Im Herbst an einen Toten

Du auf der anderen Seite,
die Erde nicht fühlend,
die Augenlider.

Die Lebenden grüßen dich,
dich und dein Haben des Messers ...
das ins Leben schneidet.

Dich und dein Haben des Messers ...
Das Messer rostet.
Rost fällt von Bäumen nieder.

Strauch, die Wurzeln
im Feuer.

Vögel fliegen ein ...
Fliegen sie aus,

bleiben Federn zurück ...
Wer mag sie bergen,

Federn im Strauch,
die sich regen,

die sich regen
im Wind?

Bildnis II

Barfuß.
Barfuß über den Kuckucksklee.
Seiden die Luft
und heiß,
und es erzählt sich
der Atem
sein Weh.

Im Halbschlaf
bin ich gegangen
auf einem See.
Tote am Grunde
warfen nach mir
ihre Angeln aus.

Ich löste die Haken
mir aus dem Leib
und war meiner Wunden
fröhlich.

Wälder der Welt

Das Kind, das zur Schule geht.
Das Kind, das in Feuer steht.
Alle brennenden Wälder der Welt
stoßen mit dem Stock auf.

Seile ganz oben

Schimmern Seile
ganz oben des Äthers,
du, meine
schrille Stadt,
errate
die Tänzer!

Nein, ich
nenne sie schon,
sie, behender
als Jugend, schwindlig
schön an Gestalt:
Kinder der Schmerzen.

In jenem Mädchenlachen
brannte nicht
kristallne Lampe
spätren Leids,

war nicht
der Nachttischmarmor
mit den kühlen
Sachen

angedeutet
im geringsten.

Entwirf ein weisses
Schiff auf einer weißen
Wand und tauf es:
Werft.

Schau, ein Schiff,
das niemand sieht.
Sag: Es fährt,
sich bauend wie
zerstörend stetig,

auf einer Route
aus dem Augenblick.

Ein Weisses

Ein Weißes
hier
vorbei
ich wüßt
die Kohle nicht
es zu beschreiben

(ist selber
Kohle: weißes
Gesicht)

ich wüßt
die Kohle nicht
es zu beschreiben:
ein Weißes
hier
vorbei.

Im Schneeschein

Im Schneeschein
Iris,
blaues wie graues
Blumenlicht.

Woher
entdeckt sich Grau?
Was
flüstert Blau?

Stärkeres
weiß ich nicht
als Zartes.

Tod
ist ein andres Gebiet.
Keines.
Und wäre es eines, so
flacher als
ein Schlafland
mit wasserlosem Fluß
ohne Bett.

Unter granitenem Bogen
dieses Hoftors sitzend,

schreib ich mit Denkens Kreide
in Septembersonne,

blick auf Holunder,
schwarze Trauben

und weile lange
bei des Flusses Rauschen,

mich wieder wundernd,
daß es Wasser gibt.

Wahr

Wahr ist Atem,
wahr ist Asche,
wahr ist Atem
aus der Asche,
Angst sich höhlend,
Lust sich wölbend,
jetzt, solang das
irdisch währt.

DORTHIN,
wo unser Heim ist
nach der Geburt:
niemand und
nichts zu werden.

Das Ach
schiebt sich davor
und der Augen
vielerklärende
Herkunft.

Rätsel

geht dir auf
zwischen Sonne
und Mond über dem
zitternden Faden,
von der
Spinne gezogen
wider
den Horizont.

In der Nacht II

Mein Denken
verweilt
bei dem unbewegten
Rand
des Wassers im Glase.

Es steht
auf dem Tisch,
kühl
ist das Zimmer, stumm
jedes Ding.

Flügelschatten.
So heller Morgen.
Der Vogel
blieb ungesehn.

Früchte standen vor mir,
davon
aß ich und dachte
ans Grillendunkel,
der Abendnacht
schwingende Saite –
Wo die
Felsen sind, gestern,
hör ich
die hungrigen jungen
Eulen fauchen.

Ein Rätsel sehr
(du nicht dir),
süß
und eine List.

Ein Tor,
bin ich geboren
im Grab
meiner Mutter,

und wieder im Grab,
hör ich
dich kommen
zu mir.

ZEIT, RING
an meinem Finger,
bist eines Sinns
mit dem Raum
zwischen den Fingern,
Verhängnis,
nicht zu greifen.

Wüsst ich, woher
Weinen kommt,
aus welchem
Himmelsblau …

ich wills
Heimweh nennen
nach deinem
Herzschlag.

Weltliches, das wir
lieben, welches
du liebst, war
mächtig genug.
Darum hast du uns
zu Fremdlingen gemacht
der Liebe. Das ist
noch im Tod
die Wunde.

Du in der anderen
Einfalt, mein Bruder,
dem ich Fleiß schulde
in der Liebe,
ungekränkt
läßt du mich kritzeln
geerbtes Gegrübel
und malen
unter dem Mond.

Ich hing
im chimärischen Baume
und wußte doch
genug.

Im Wind,
der mich stieß,
dein Atem

verriet
dem meinen
genug.

Gib mir,
Törin Zeit,
ein ruhiges Herz,
daß ich mich
in der Unruh ruh
und Seligkeit versterbe.

Laß mich
nicht versäumen
Verlassenheit
am Saum der Meere
und der Berge Grenzen.
Sei du bei mir …

Halbwegs

mit Todeshand
blättern
im Buch herum.
Draußen
liegt Laub.

Weshalb je
schrieb ich Schrift?
Gabs Leben denn,
Tun der Hand?
Faßt mich nicht an.

Das aber ist Lüge,
den Tod nicht zu glauben.
Hin über die Weiten
geht das Einzige,
sterben zu müssen,
zu verlieren der Augen
Blick.

Lasst mich, nach Jahren,
ein Dunkles, in den Schein
eurer Lampe treten,
wofern ihr noch
beschäftigt seid
mit Kunst,
ihrem Verstand.

Morgen
ist das Gewesene.

Das Wahrste
ist der Verlust.

Im Weltraum
zeugenlos Schmerz.

O Fremdling,
stehend in der Angst,
landläufig
ist das nicht.

Lebst aber auch
in der Liebe,
das ist
nichts Besonderes,
wenngleich ein Glück.

Ach, würdest du doch
zum Rabenhaupt.
Du ertrügest besser
die Himmel.

Augenblick, die
das Herz findende
Spindel,
herfliegend aus Zukunft
jäh und oft.

Wacher macht ihr Stich
als wir wach sind
im täglichen Licht.
Du bist
in den Blitz gestoßen.

Ihr Vergangenen,
welche Last
ist euer Tod mir,
und ich, noch lebend,
weiß nicht, wie mich tragen.

Die ungeheueren Gewichte
(Sterne) sind sich leicht,
so diese Erde selbst,
sie gründet nicht,
sie schwebt.

IM MÄRCHEN
ist alles wahr,
sogar der Tod, den
es nicht gibt.

O Leben, schreckliche
Hochzeit. Es soll einer
nicht zu innig sein.

Bist heute noch da.
Vorbereitung
gelingt dir schlecht.
Nein, schäme dich nicht.

für Irena

Inhaltsverzeichnis

Drucknachweise

Und träumend ... – Abend erscheint – Kind, das malt – Anderer Aufenthalt – Das Blau, – Wir lauschten ja – Oder beides – Nun diese Stelle – Menschenlied – Abend – Reden und Schweigen – Spirale. Aus: *Anderer Aufenthalt. Verstreut veröffentlichte Gedichte 1951-1964*, hg. v. Reinhard Kiefer, Aachen 1997.

Es ist – Wild, seltsam geht – Das Himmlische: – Viel Augen noch übrig – Ein lebend Tödliches ... – Als ich saß – Denn alles geht so. – Distel, schönes Licht. – Wir sind davongezogen. Aus: *Zeichen um Zeichen. Gedichte (1968)*, hg. v. Reinhard Kiefer, Aachen 1999.

Ich gehe den Rändern – ... da, wo ich – Lange vor – Es kam die Nachricht – Auf das Ende zu sehn, – Weiß ich es nicht? – War es einmal die Mär, – Du mein – Am Rande des Meers, – Schnee – Das Denken, – Das macht – Ob es auch gab – Das Wetter – Am Ende sagt – Nach Jahreszeit – Sinnwind entriegelt – Als wär er – Es muß das Gold. Aus: *Es kam die Nachricht. Gedichte*, hg. v. Reinhard Kiefer, Aachen 1990.

Er ist, der Leib, – Wenn wir – Sie schlummern, – Wer denn hat diesen – Den Atem ausgetauscht – Du hörst mir zu, – Langsame Zeit – Schau in die Handfläche. – O Stillstand – Der neben mir – Sage vom Ganzen – Geh nur immer. Aus: *Sage vom Ganzen den Satz. Gedichte*, hg. v. Reinhard Kiefer, Aachen 1996.

Und was – Wir hatten – Er, der Einsilbige, – DER zeichnet Mücken – Gesang, ein – Altes Klagen – Hier – Und ich grüße – Dies gibts – Sei du mein Sohn – Auf einem Tier, das raubt, – Gelesen dies: – Das vom Irdischen. Aus: *Im Zeitspalt. Gedichte*, hg. v. Reinhard Kiefer, Aachen 1994.

Ihr haltsamen – Was sich da selbst – Immer noch – Dort auf den Klippen – Du stirbst in – Es gibt – Die alte Sonne – Duft der Blumen, – Atemlos – Wir leben – Was Erde sei, – Du Erde voller Schädel, – Lange hast du, scheint es, – Wie sehr wir – Nimm die Dinge – (zu Montaigne) – Es ist der Tod – Aber wir sind doch – Es war Mai, – Du sagst, es sei – Es schreit – Spät in der Zeit. Aus: *Wandloser Raum. Gedichte*, hg. v. Reinhard Kiefer, Aachen 1996.

Es kann – Mit einem der – Das Ach wohnt – Sieh es dir an, – Erfahrung! – Wie sie alle – Gibt es ein Lied, – Wiederholend – Schwalben vor grenzenloser. Aus: *Schatten. Verstreut veröffentlichte Gedichte 1965-1979*, hg. v. Reinhard Kiefer, Aachen 1998.

Nicht gewußt – In einem Traum – Gute Nacht – Keine Antwort – Im Namen Heinrich von Kleists – Nicht im Nichts – Im Herbst an einen Toten – Strauch, die Wurzeln – Bildnis II – Wälder der Welt – Seile ganz oben – In jenem Mädchenlachen – Entwirf ein weißes – Ein Weißes – Im Schneeschein – Tod – Unter granitenem Bogen – Wahr – Dorthin, – Rätsel – In der Nacht II – Flügelschatten. – Früchte standen vor mir, – Ein Rätsel sehr – Zeit, Ring – Wüßt ich, woher – Weltliches, das wir – Du in der anderen – Ich hing – Gib mir, – Halbwegs – Das aber ist Lüge, – Laßt mich, nach Jahren, – Morgen – O Fremdling – Augenblick, die – Ihr Vergangenen – Im Märchen. Aus: *Gedichte aus dem Nachlaß*, zusammengestellt und mit Anmerkungen versehen von Irena Demtröder-Kutschera, Aachen 1999.